Although obstacles and adversity are painful,
they are also essential to the process of evolution.

Sebbene gli ostacoli e le avversità siano dolorosi,
sono anche essenziali per il processo di evoluzione.

Aunque los obstáculos y las adversidades son dolorosos,
también son esenciales para el proceso de evolución.

Embora os obstáculos e as adversidades sejam dolorosos,
também são essenciais para o processo de evolução.

Sometimes it is necessary to take risks,
because only then can you discover your true potential.

A volte è necessario correre dei rischi,
perché solo così è possibile scoprire il proprio vero potenziale.

A veces es necesario asumir riesgos,
porque solo así es posible descubrir tu verdadero potencial.

Às vezes é necessário correr riscos,
porque só assim é possível descobrir o teu verdadeiro potencial.

True strength lies in handling difficulties calmly
and knowing how to turn situations to your advantage.

*La vera forza sta nel gestire le difficoltà con calma
e nel saper volgere le situazioni a proprio vantaggio.*

La verdadera fuerza reside en afrontar las dificultades con calma y saber cómo convertir los desafíos en ventajas.

A verdadeira força reside em lidar com as dificuldades com calma e saber como transformar as situações em vantagens.

Don't be afraid to embrace every part of yourself, especially those that characterize who you are.

Non aver paura di accettare ogni parte di te stesso,
specialmente quelle che fanno di te ciò che sei.

No tengas miedo de aceptar cada parte de ti mismo, especialmente aquellas que te hacen único.

Não tenha medo de aceitar todas as partes de si mesmo,
especialmente aquelas que caracterizam quem tu és.

This is the time to recognize your achievements, but above all to live fully in the present to prepare yourself for new experiences.

Questo è il momento di riconoscere i tuoi successi, ma soprattutto di vivere pienamente il presente per prepararti a nuove esperienze.

Este es el momento de reconocer tus logros, pero sobre todo de vivir plenamente el presente para prepararte para nuevas experiencias.

Este é o momento de reconheceres as tuas conquistas, mas acima de tudo, de viver plenamente o presente para se preparar para novas experiências.

The waiting time becomes a space to reflect,
to observe things from a new perspective, to grow inwardly.

Il tempo dell'attesa diventa uno spazio per riflettere,
osservare le cose da una nuova prospettiva e crescere interiormente.

El tiempo de espera se convierte en un espacio para reflexionar, para observar las cosas desde una nueva perspectiva y para crecer interiormente.

*O tempo de espera torna-se um espaço para refletir,
observar as coisas sob uma nova perspetiva, crescer interiormente.*

Ride with clarity of purpose, without letting yourself be blinded by fanatical desires or distracted by unnecessary details.

Cavalca con chiarezza di intenti, senza lasciarti accecare da desideri fanatici o distrarre da dettagli inutili.

Cabalga con claridad de intención, sin dejarte cegar
por deseos fanáticos ni distraerte con detalles inútiles.

Cavalga com clareza de intenções, sem te deixares cegar por desejos fanáticos ou distrair por detalhes inúteis.

It is a moment of liberation, which allows space for something new, while requiring a period of emotional processing and acceptance.

È un momento di liberazione che lascia spazio a qualcosa di nuovo,
ma richiede un periodo di elaborazione emotiva e accettazione.

Es un momento de liberación, que deja espacio para algo nuevo, y que también requiere un período de procesamiento emocional y aceptación.

É um momento de libertação, que abre espaço para algo novo, mas requer um período de processamento emocional e aceitação.

W

Look beyond differences and recognize the value of each element that is part of your life.

Guarda oltre le differenze e riconosci il valore
di ogni elemento che fa parte della tua vita.

Mira más allá de las diferencias y reconoce el valor de cada elemento que forma parte de tu vida.

Olha além das diferenças e reconhece o valor
de cada elemento que faz parte da tua vida.

Embrace your most intuitive side, so that you can better understand the emotional dynamics that surround you.

Abbraccia il tuo lato più intuitivo, così da poter comprendere meglio le dinamiche emotive che ti circondano.

Abraza tu lado más intuitivo para poder comprender mejor las dinámicas emocionales que te rodean.

Abraça o teu lado mais intuitivo para compreender melhor a dinâmica emocional que te rodeia.

A star guides you toward fulfillment; it is time to rise from your ashes, stronger and more mature than before.

Una stella ti guida verso la realizzazione; è tempo di risorgere dalle tue ceneri, più forte e maturo di prima.

Una estrella te guía hacia la realización; es momento
de resurgir de tus cenizas, más fuerte y maduro que antes.

Uma estrela guia-te em direção à realização; é hora
de renascer das tuas cinzas, mais forte e mais maduro do que antes.

Within you there is a great creative power that you can use to achieve anything you desire.

Dentro di te c'è un grande potere creativo
che puoi usare per ottenere tutto ciò che desideri.

Dentro de ti hay un gran poder creativo que puedes utilizar para conseguir cualquier cosa que desees.

Dentro de ti existe um grande poder criativo
que podes usar para alcançar tudo o que desejas.

W

B
J

It is the right time to embark on new relationships,
whether they be friendships, love, or work collaborations.

È il momento giusto per intraprendere nuove relazioni,
siano esse amicizie, amori o collaborazioni lavorative.

Es el momento adecuado para conectar con nuevos vínculos,
en el amor, la amistad o el trabajo.

É o momento certo para iniciar novas relações,
sejam elas de amizade, amor ou colaborações profissionais.

Now is the time to put your skills into practice,
develop your projects, and reap the rewards of your labor.

È giunto il momento di mettere in pratica le tue competenze, sviluppare i tuoi progetti e raccogliere i frutti del tuo lavoro.

Ahora es el momento de poner en práctica tus habilidades, desarrollar tus proyectos y cosechar los frutos de tu trabajo.

Agora é o momento de colocar as tuas competências em prática, desenvolver os teus projetos e colher os frutos do teu trabalho.

Even when faced with mental or emotional obstacles, it is possible to approach the situation with an optimistic and lighthearted attitude.

Anche quando ci si trova di fronte a ostacoli mentali o emotivi, è possibile affrontare la situazione con un atteggiamento ottimista e spensierato.

Incluso frente a obstáculos mentales o emocionales, es posible afrontar la situación con una actitud optimista y liviana.

Mesmo quando confrontado com obstáculos mentais ou emocionais, é possível abordar a situação com uma atitude otimista e despreocupada.

Explore the hidden world of the psyche, that which lies beneath consciousness and escapes rational control.

Esplora il mondo nascosto della psiche, quello che giace sotto la coscienza e sfugge al controllo razionale.

Explora el mundo oculto de la psique, aquello que se encuentra bajo la conciencia y escapa al control racional.

Explora o mundo oculto da psique, aquilo que se encontra por baixo da consciência e escapa ao controlo racional.

Return to spontaneity and appreciate what you have,
without being overwhelmed by the desire for more.

Ritorna alla spontaneità e apprezza ciò che hai,
senza lasciarti sopraffare dal desiderio di avere di più.

Vuelve a la espontaneidad y aprecia lo que tienes,
sin dejarte llevar por el deseo de tener más.

Volta à espontaneidade e aprecia o que tens,
sem te deixares dominar pelo desejo de ter mais.

Constant communication, constructive discussion, and focus on a common goal are essential to creating a beneficial situation in relationships.

Una comunicazione costante, un dialogo costruttivo
e l'attenzione verso un obiettivo comune sono essenziali
per creare una situazione vantaggiosa nelle relazioni.

La comunicación constante, la discusión constructiva
y el enfoque en un objetivo común son esenciales
para construir relaciones saludables e enriquecedoras.

A comunicação constante, a discussão construtiva e o foco num objetivo comum são essenciais para criar uma situação benéfica nas relações.

It is time to nurture your knowledge and accumulate wisdom,
without rushing to share or apply it immediately.

È tempo di coltivare le tue conoscenze e accumulare saggezza, senza affrettarti a condividerla o applicarla immediatamente.

Es hora de cultivar tus conocimientos y atesorar sabiduría,
sin apuro por compartirlos o aplicarlos de inmediato.

É hora de cultivar o teu conhecimento e acumular sabedoria, sem pressa em partilhá-los ou aplicá-los imediatamente.

The answers will come when you are ready to look inside yourself honestly and face the truth, however complex it may be.

Le risposte arriveranno quando sarai pronto a guardarti dentro con sincerità e ad affrontare la verità, per quanto complessa possa essere.

Las respuestas llegarán cuando estés listo para mirar dentro de ti mismo con honestidad y enfrentar la verdad, por compleja que sea.

As respostas virão quando estiveres pronto para olhar para dentro de ti mesmo com honestidade e encarar a verdade, por mais complexa que seja.

Slow down the frenetic pace of modern life and reconnect with what is authentic, simple, and genuine.

Rallenta il ritmo frenetico della vita moderna
e ritrova il contatto con ciò che è autentico, semplice e genuino.

Ralentiza el ritmo frenético de la vida moderna
y reconecta con lo que es auténtico, simple y genuino.

Desacelera o ritmo frenético da vida moderna
e reconecta-te com o que é autêntico, simples e genuíno.

If you have come this far, you have all the cards
you need to resolve any situation that comes your way.

Se sei arrivato fin qui, hai tutte le carte in regola
per risolvere qualsiasi situazione ti si pari davanti.

Si has llegado hasta aquí, tienes todas las cartas que necesitas para resolver cualquier situación que se te presente.

Se chegaste até aqui, tens todas as cartas necessárias
para resolver qualquer situação que surgir no teu caminho.

Don't belittle your achievements; use them to give yourself the energy to make that final effort.

Non sminuire i tuoi successi; usali per darti
l'energia necessaria per compiere lo sforzo finale.

No subestimes tus logros; conviértelos en el impulso que necesitas para ese esfuerzo final.

Não menosprezes as tuas conquistas; usa-as para te dares energia para realizar o esforço final.

True growth comes when you are ready to explore new territories and face unexpected adversity with ambition and perseverance.

La vera crescita arriva quando sei pronto a esplorare nuovi territori e ad affrontare avversità inaspettate con ambizione e perseveranza.

El verdadero crecimiento llega cuando estás preparado para explorar nuevos territorios y afrontar adversidades inesperadas con ambición y perseverancia.

O verdadeiro crescimento surge quando se está pronto para explorar novos territórios e enfrentar adversidades inesperadas com ambição e perseverança.

This is not the time to act impulsively, but to think carefully about what to do and how to do it, considering every detail to avoid mistakes.

Non è il momento di agire d'impulso, ma di riflettere attentamente su cosa fare e come farlo, considerando ogni dettaglio per evitare errori.

No es momento de actuar impulsivamente, sino de reflexionar con atención sobre qué hacer y cómo hacerlo, considerando cada detalle para evitar errores.

Este não é o momento de agir impulsivamente, mas sim de pensar cuidadosamente sobre o que fazer e como fazê-lo, considerando todos os detalhes para evitar erros.

When your personal resources are not enough,
it is time to turn to someone else for knowledge or belonging.

Quando le tue risorse personali non sono sufficienti, è il momento di rivolgersi a qualcun altro per acquisire conoscenze o sentirsi parte di qualcosa.

Cuando tus propios recursos ya no son suficientes, es momento de recurrir a otra persona en busca de conocimiento o pertenencia.

Quando os teus recursos pessoais não são suficientes, é hora de recorrer a outra pessoa em busca de conhecimento ou pertencimento.

Beware of the risk of isolating yourself too much, closing yourself off from affection and opportunities offered by others.

Fa' attenzione a non isolarti troppo, chiudendoti all'affetto e alle opportunità offerte dagli altri.

Ten cuidado de no aislarte demasiado, cerrándote al afecto y a las oportunidades que te ofrecen los demás.

Tem cuidado para não te isolares demasiado,
fechando-te ao afeto e às oportunidades oferecidas pelos outros.

An environment that nurtures everyone's emotional well-being, where you feel safe, loved, and appreciated, is the key to your inner balance.

Un ambiente che favorisce il benessere emotivo
di tutti, dove ci si sente al sicuro, amati e apprezzati,
è la chiave per raggiungere l'equilibrio interiore.

Un ambiente que favorece el bienestar emocional de todos,
donde se sienten seguros, amados y valorados,
es la clave para el equilibrio interior.

Um ambiente que promove o bem-estar emocional de todos,
onde te sentes seguro, amado e valorizado,
é a chave para o teu equilíbrio interior.

After a conclusion, a new beginning is just around the corner waiting for you. Nothing is permanent; everything is in motion.

Dopo una conclusione, un nuovo inizio ti attende subito dietro l'angolo. Nulla è permanente; tutto è in movimento.

Tras una conclusión, un nuevo comienzo está justo a la vuelta de la esquina, esperándote. Nada es permanente, todo está en movimiento.

Depois de uma conclusão, um novo começo é perto
de ti esperando-te. Nada é permanente; todo é em movimento.

Try to identify what is positive in your life and use it as a strength to overcome obstacles.

Cerca di identificare gli aspetti positivi della tua vita
e utilizzali come punti di forza per superare gli ostacoli.

Intenta identificar qué aspectos positivos hay en tu vida y utilízalos como puntos de fuerza para superar los obstáculos.

Tenta identificar o que há de positivo na tua vida
e usa isso como força para superar os obstáculos.

Continue to work with dedication, follow your plan,
and don't be discouraged by slow progress.

Continua a lavorare con dedizione, segui il tuo piano
e non scoraggiarti se i progressi sono lenti.

Continúa trabajando con dedicación,
sigue tu plan y no te desanimes por los progresos lentos.

Continua a trabalhar com dedicação,
segue o teu plano e não desanimes com o progresso lento.

Not all truths are immediately apparent,
and sometimes it is necessary to hone your powers
of observation to truly understand what is around you.

Non tutte le verità sono immediatamente evidenti e talvolta è necessario affinare le proprie capacità di osservazione per comprendere veramente ciò che ti circonda.

No todas las verdades son evidentes a primera vista, y a veces es necesario agudizar la capacidad de observación para comprender realmente lo que te rodea.

Nem todas as verdades são imediatamente evidentes e, por vezes,
é necessário aprimorar os teus poderes de observação para
compreender verdadeiramente o que está à tua volta.

WICKED MOON
JOURNAL

Artwork by Lunastorta
Text by Giorgia Farano

Graphics by Chiara Demagistris
Editing by Paolo Bertazzo, La Forgia Press
Translations by María Victoria Filadoro, Yeray Rose

www.loscarabeo.com
Facebook and Instagram: loscarabeotarot

Printed by Grafika Soča – September 2025